Moulage et Thermoformage plastique sous vide
pour amateurs et artisans

Loup de Saintonge

Loup de Saintonge autoéditeur

Autres ouvrages du même auteur
dans la collection *Restauration et Autoconstruction pierre reconstituée*

Livres numériques
- *Le Guide du modeste mouleur de pierre*
- *Le Manuel du modeste mouleur de pierre*
- *The Cut Limestone moulder's manual*
- *Le Guide du Styro-Mouleur*
- *Moulage et Thermoformage plastique sous vide*

Livres imprimés
- *Le Manuel du mouleur de pierre*

Loup de Saintonge est ingénieur de recherche et développement en électronique de puissance et amateur autodidacte dans les domaines du thermoformage plastique sous vide, de l'autoconstruction et de la restauration. L'objectif de cet ouvrage est le partage d'une connaissance et d'un savoir-faire entre amateurs responsables. Le lecteur est averti qu'en mettant en œuvre les outils et les procédés décrits dans ce livre, il doit faire preuve de bon sens, prendre ses précautions et assumer lui-même les risques. Il doit en particulier se conformer aux normes en matière d'électricité et en cas de doute prendre l'avis d'un professionnel. Tout accident, dommage ou sinistre résultant de l'utilisation de ce livre ne saurait en aucune manière engager la responsabilité de l'éditeur, de l'auteur ou de ses ayants droit.

Cet ouvrage est protégé dans plus de 159 pays par la Convention de Berne pour la protection des œuvres littéraires et artistiques. "Toute représentation ou reproduction intégrale, ou partielle, faite sans le consentement de l'auteur ou de ses ayants droit ou ayants cause est illicite. Il en est de même pour la traduction, l'adaptation ou la transformation, l'arrangement ou la reproduction par un art ou un procédé quelconque." (alinéa 1er de l'article 40 de la loi n° 57-298 du 11 mars 1957 sur la propriété littéraire et artistique).

Auteur : Loup de Saintonge
Illustrations et photographies : Loup de Saintonge
Format : LSUK 5.5" x 8.5"   140 x 216 mm
Edition : Loup de Saintonge autoéditeur

Copyright © 2012 Loup de Saintonge autoéditeur
Chierzac 17210 BEDENAC France

Contact courriel : Loup-de-saintonge@orange.fr

Site web de l'auteur
www.reve-de-pierre.fr

ISBN 978-2-9529648-8-3

Sommaire

Concept	7
Introduction	7
Applications	7
Exemples de réalisations possibles	8
Dans le domaine architectural	8
Dans les autres domaines	8
Les atouts et les limites du thermoformage	9
Retrait et contre-dépouilles	9
Précision et détails	9
Le principe du thermoformage plastique sous vide	10
Les outils du thermoformage plastique sous vide	11
La cadre support de thermoformage	11
Le film plastique thermoformable	11
La boîte à vide	11
La pompe à vide	11
Le système de chauffage du film plastique	11
Le master	11
Le cadre support de thermoformage	12
Utilité et caractéristiques du cadre	12
Cadre en bois contre cadre en métal	13
Solution classique du cadre en métal à taille unique	13
Solution proposée du cadre en bois à taille variable	13
Solution du cadre en métal à taille variable	13
Le choix du bois	14
Taille du cadre et étirement du film plastique	15
Réalisation du cadre	16
Nomenclature	16
Assemblage	16
Le film plastique	17
La matière	17
Les plastiques disponibles dans le commerce	18
Où trouver en pratique des plaques de plastique ?	19
Découpe du film plastique	20
Fixation sur le cadre	20
La boîte à vide	21
Principe général	21
Assemblage et étanchéité	22
Réalisation d'une boîte à vide de 60 x 50 x 5 cm	23
Matériaux et plan de découpe	23
Nomenclature	23
Outils	23
Description des étapes d'assemblage	24
Les principales étapes en images	25
Le cache, un accessoire utile…	26
Problématique	26
La solution du cache	26
Réalisation du cache	27
Utilisation	27

La création d'une pièce ou d'un moule par thermoformage sous vide	28
La méthode pas à pas	28
Le thermoformage en images	29
Les étapes cruciales du formage	30
Astuces de thermoformage et finitions	31
Réduction des contre-dépouilles	31
Utilisation de la pâte à modeler	32
Moulage des forts reliefs et des formes concaves	33
Dépose du film thermoformé avant démoulage	34
Démoulage difficile dû à l'effet ventouse	35
Démoulage difficile dû au retrait	35
Finition du moule ou de l'objet thermoformé	36
Une Voûte Infrarouge sur mesure	37
Principe	37
Les sources de rayonnement Infrarouge	37
Utilisation de résistances de fours ménagers	38
Avertissement : Risques, Sécurité et Protection	38
Risque de brûlures	38
Risque électrique	38
Réalisation d'une voûte simple de 45 x 45 cm 1200W	39
Caractéristiques	39
Fournitures et matières premières	39
Méthode de découpe et de pliage de la tôle d'aluminium	39
Découpe et pliage des éléments de structure en aluminium	40
Assemblage des éléments de structure	41
Schéma électrique de la voûte	41
Fixation de la résistance sous la voûte	42
Assemblage de la porte battante	42
Assemblage du compartiment électrique	43
Optimisation de l'ouverture de la voûte	44
Réalisation d'une grande voûte infrarouge	45
Voûte Double 100 x 50 cm 2400W	45
Voûte Quad 110 x 100 cm 4800W	45
Schéma électrique	45
Un cadre en métal pour utilisations intensives	46
Principe de base	46
Réalisation d'un cadre en aluminium de 40 x 40 cm	47
Caractéristiques	47
Fournitures et matières premières	47
Liste des pièces du cadre	47
Alignement des trous barre / cornière	47
Détails de réalisation des cornières et des barres	48
Assemblage	48
Galères et fausses bonnes solutions	50
Le thermoformage au décapeur thermique, par "estampage"	50
Le thermoformage au décapeur thermique, sous vide	50
Le thermoformage plastique sur le WEB	51

Notes :

Concept

■ Introduction

Même si parfois nous l'ignorons, le plastique thermoformé est omniprésent dans notre vie de tous les jours. Les emballages plastiques durs, les blisters transparents, les pots de yaourt, les coques et habillages de certains appareils ou jouets... utilisent cette technologie qui a l'avantage d'être très économique. Il se trouve que sa mise en oeuvre est aussi parfaitement à la portée des amateurs que nous sommes et ne fait appel qu'à des outils simples et déjà à notre disposition.

■ Applications

Comme dans l'industrie, le champ des applications du thermoformage plastique sous vide à la maison ou à l'atelier est vaste. Pour les amateurs et les artisans, cette technique permet de fabriquer à moindre coût, rapidement et sans difficulté de nombreux objets et surtout de nombreuses copies à partir d'un modèle unique.
Dans le cadre de ce livre, nous nous intéresserons au domaine particulier de l'architecture et de la déco pour les autoconstructeurs amateurs et les artisans du bâtiment et de la pierre. Il s'agira en effet de réaliser par cette technique des moules pour la création d'éléments architecturaux ou décoratifs en pierre reconstituée que les autres techniques du bois et du polystyrène ne permettent pas de faire, et que les élastomères silicone ou époxy savent faire mais au prix de difficultés techniques élevées et de manipulations de produits chimiques onéreux.

Typiquement, il s'agira de réaliser un moule "négatif", c'est à dire une empreinte, à partir d'un modèle positif appelé "master". Le moule en plastique directement créé sera relativement résistant et durable, permettant ainsi de réaliser de nombreuses copies du modèle original.

Modèle original utilisé comme master   *Moule plastique par thermoformage direct*

Il s'agit donc d'une application particulière parmi d'autres. Mais le concept, les outils et les méthodes développés dans ce livre pourront servir à bien d'autres applications amateurs ou semi-professionnelles dans les domaines du maquettisme, du jouet, du packaging, de la publicité sur les lieux de vente, du prototypage ou de l'artisanat semi-industriel

Exemples de réalisations possibles

■ Dans le domaine architectural

Moules pour dalles, pavés, margelles, plaquettes et pierres de parement, éléments de déco, bas-reliefs, éléments de sculpture, formes sculptées complexes et irrégulières, éléments de modénature, frises, cimaises et décors en reliefs, listels, petits éléments de staff, etc.

Pour ces applications, le master est sculpté dans du bois, de l'argile, de la pâte à modeler durcissable à l'air ou du plâtre, ou bien c'est un modèle existant en pierre, en terre cuite, en résine, ou tout autre matériau.

■ Dans les autres domaines

Dans le domaine des jouets et du modélisme, réalisation de coques de voitures, de bateaux, éléments de cockpit, de verrière, de fuselage ou de voilure d'avions, de véhicules spatiaux ou création de décors et de personnages. Dans les applications plus classiques, création d'emballages spéciaux, blisters, carénages, protections, coques d'appareillages, petits conteneurs, barquettes, moules culinaires basse température, plastification d'objets, objets publicitaires et présentoirs 3D sur les lieux de vente, etc.

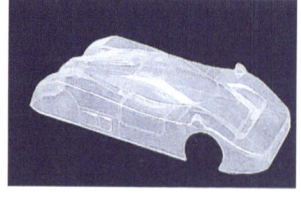

Pour ces utilisations, les masters pourront le plus souvent être réalisés en bois, en argile ou en pâte à modeler durcissable.

Les atouts et les limites du thermoformage

Cette technique est très simple, extrêmement rapide et très économique pour reproduire des modèles existants avec des surfaces lisses, des reliefs grossiers, arrondis et peu saillants, sans contre-dépouilles. Elle sera par exemple très efficace pour reproduire en grand nombre les pavés et les dalles de calcaire, lisses et usées par le temps, dans le style "parvis" ou "cathédrale", les plaquettes de parement dans le style moellons ou les éléments de déco tels que les frises, listels et autres carreaux décoratifs ou éléments de staff. En outre, elle ne nécessite aucune manipulation de produits chimiques contrairement à la technique des moules en élastomères.
Cependant, les pièces candidates au thermoformage doivent répondre à certains critères.

Une pièce, pour être démoulable, ne doit comporter que des angles ouverts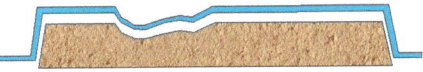

■ Retrait et contre-dépouilles

L'ennemi du thermoformage, c'est la "contre-dépouille". En effet, le phénomène de retrait lorsque le plastique se refroidit sur le master et sa relative rigidité font que la moindre contre-dépouille, ou même un angle insuffisamment ouvert, peut aboutir à "l'emprisonnement" du master. Un angle de dépouille de 5 à 10° minimum est nécessaire pour pouvoir libérer le master et ensuite pour démouler facilement les tirages en pierre reconstituée. On pourra éliminer les éventuelles contre-dépouilles et ouvrir les angles de dépouilles par différentes méthodes qui sont exposées à la fin du livre.

Un angle de dépouille trop faible rend le démoulage très difficile

La présence de contre-dépouilles rend le démoulage impossible

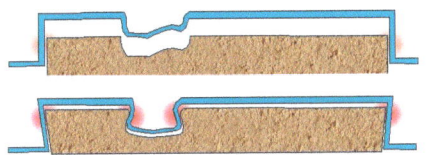

■ Précision et détails

La finesse des détails reproduits dépend principalement de l'épaisseur du film plastique utilisé. Plus il est mince et plus les détails seront fins. Mais ce sera au détriment de la rigidité et de la solidité du moule.
En pratique, le thermoformage ne permet pas de reproduire les petits détails précis et saillants comme les trous nets, les brisures, les arêtes vives ou les grains de surface très fins. Pour reproduire des détails très fins et des contre-dépouilles, il faudra se tourner vers la technique du moule en élastomère de silicone de type RTV. Cependant, en raison du coût très élevé des résines silicone, cette technique ne sera le plus souvent choisie qu'en dernier recours par les amateurs car il faut réaliser un très grand nombre de tirages pour amortir le moule.

La grande souplesse et l'élasticité du silicone permettent les démoulages les plus difficiles et un grand nombre de tirages.

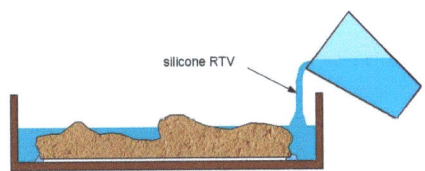

Le principe du thermoformage plastique sous vide

Un processus de thermoformage se déroule généralement de la façon suivante :

1. Le modèle à reproduire, que l'on appelle "master", est posé, la face à reproduire orientée vers le haut, sur un plateau percé sous lequel on fait le vide.

2. Une plaque, film ou feuille de plastique thermoformable, de 1 à 3 mm d'épaisseur, est tendue sur un cadre support.

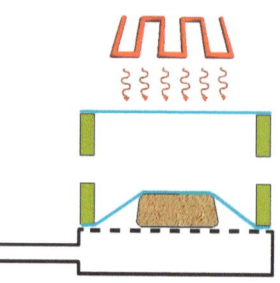

3. La feuille plastique fixée au cadre est placée sous une source de rayonnement infrarouge pour être portée à une température de l'ordre de 150 à 250°c, de manière à être ramollie par la chaleur.

4. Le cadre, la feuille plastique molle étant orientée vers le bas, est présenté à la verticale du master et enfoncé jusqu'à venir en appui sur le plateau percé.

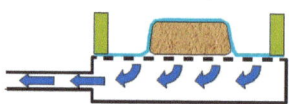

5. Alors que la feuille plastique est encore chaude et molle, elle est intimement et instantanément plaquée contre le master par la pression atmosphérique externe, grâce au vide créé sous le plateau par une pompe à dépression.

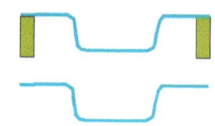

6. Après refroidissement, le master est retiré et la feuille plastique thermoformée est démontée du cadre.

Processus de thermoformage plastique sous vide

7. L'objet en plastique thermoformé est terminé et prêt à être utilisé.

Thermoformeuse institutionnelle

Les outils du thermoformage plastique sous vide

L'industrie utilise depuis longtemps de lourdes machines pour la production en grande série de pièces et de produits en plastique thermoformé sous vide. Mais comme nous allons le voir, la technique est accessible aux amateurs, avec des moyens bien plus légers et abordables. Voyons de quoi a besoin l'amateur que nous sommes.

Machine industrielle de thermoformage plastique sous vide

■ La cadre support de thermoformage

Pour être thermoformé, le film plastique doit être maintenu fermement tendu sur toute sa périphérie. C'est la fonction que doit remplir le cadre support de thermoformage. Il existe plusieurs solutions pour cet outil. Nous allons voir cela en détail et choisir celle qui convient le mieux à notre besoin.

■ Le film plastique thermoformable

Il existe de nombreuses variétés de plastiques, tous plus ou moins thermoformables. Nous allons faire le tour de ceux que nous, amateurs, pouvons trouver aisément dans le commerce de grande distribution et sur internet.

■ La boîte à vide

Comme son nom l'indique, il s'agit d'une boîte dans laquelle on fait le vide. Elle est fermée et étanche sur cinq faces et sa sixième face, la face supérieure, est criblée de petits trous d'aspiration. Elle est pourvue d'un trou latéral dans lequel vient se brancher la pompe à vide. Nous allons voir plus loin comment fabriquer de façon simple notre propre boîte à vide. Nous réaliserons aussi un accessoire très simple et très utile pour exploiter au mieux notre boîte à vide tout en économisant la matière plastique.

■ La pompe à vide

Elle a pour fonction de faire le vide dans la boîte à vide et ce le plus rapidement et le plus fortement possible. Elle doit donc être puissante et avoir un fort débit. Sur les machines industrielles, on trouve généralement une pompe principale à fort débit et une pompe auxiliaire à plus faible débit mais à forte dépression. Mais nous allons voir que, pour notre application amateur, un simple aspirateur ménager en bon état remplira parfaitement la fonction.

■ Le système de chauffage du film plastique

Là encore, nous avons de la chance. Un simple four électrique de cuisine avec grill de voûte peut convenir et nous allons voir de quelle manière. Mais nous verrons aussi comment réaliser une "voûte infrarouge" sur mesure pour le cas où nous aurions des projets plus ambitieux.

■ Le master

Qui dit "moulage" dit "master". C'est le modèle à reproduire sur lequel nous verrons quelles opérations il faut pratiquer pour qu'il puisse devenir un master véritablement opérationnel, c'est à dire apte à servir de matrice pour nos tirages en plastique thermoformé.

Le cadre support de thermoformage

Utilité et caractéristiques du cadre

- Le cadre support a pour but de maintenir fermement le film plastique par la périphérie pendant son ramollissement et pendant le formage.

- Il doit être dans une matière, le bois ou le métal, capable de supporter la température du four.

- Il doit pouvoir être utilisé de nombreuses fois pour réaliser des séries d'objets ou de moules identiques ou différents.

- Le système d'accroche du film plastique sur le cadre doit être tel que l'étanchéité puisse être assurée facilement entre le film et la boite à vide, pendant le thermoformage.

- Le film plastique doit pouvoir être retiré facilement du cadre après le thermoformage.

Sur les machines industrielles de thermoformage comme dans les réalisations artisanales ou amateurs, le cadre est généralement métallique. C'est la meilleure solution pour la plupart des applications à grands tirages où il s'agit de réaliser de nombreuses copies identiques à partir du même moule master. Le cadre s'emboîte sur le plateau d'aspiration. L'étanchéité en périphérie entre le film plastique et le plateau d'aspiration est alors assurée par le film plastique lui-même.

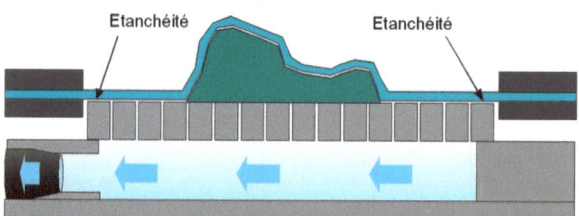

Principe d'étanchéité par emboîtement du cadre sur la plaque d'aspiration

Nous verrons à la fin de cet ouvrage comment réaliser un cadre métallique compatible avec nos faibles tirages. Mais pour l'application bien particulière que nous envisageons, où les tirages sont quasiment uniques et les masters nombreux et de tailles très variables, nous allons utiliser une autre solution.

■ *Cadre en bois contre cadre en métal*

▶ Solution classique du cadre en métal à taille unique
▶ Solution proposée du cadre en bois à taille variable

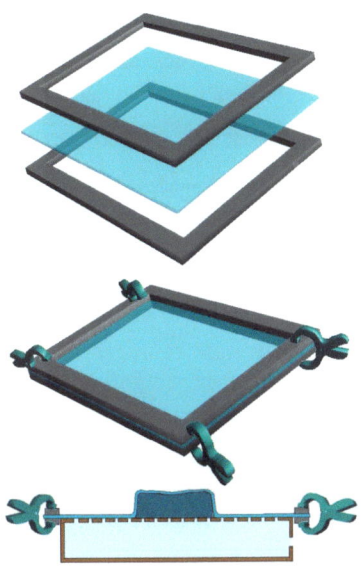

Le film plastique est pris en sandwich entre deux cadres métalliques.
L'assemblage est rapide. Il est maintenu sous pression à l'aide de pinces métalliques ou de verrous.
La boîte à vide et le cadre doivent êtres adaptés l'un à l'autre. Le cadre est un peu plus grand que la boîte à vide et s'y emboîte afin que le film vienne directement en appui sur la plaque à trous.
Le cadre est unique et il est utilisé quelle que soit la taille des masters. La taille du film plastique est donc constante elle aussi.
Cette solution est optimum pour les grands tirages à partir du même master. Elle se prête bien aux applications "industrielles".

Le film plastique est fixé directement sur le cadre en bois à l'aide de petites pointes à têtes plates.
La taille du cadre est adaptée à la taille du master. Elle ne dépend pas de la taille de la boîte à vide.
Le cadre et le film plastique viennent en appui sur un "cache souple".
Même si la boîte à vide est très grande, le cadre peut être tout petit pour utiliser juste la quantité de film plastique nécessaire.
Cette solution est optimum pour les tirages uniques ou faibles de nombreux masters de tailles différentes. Elle se prête bien aux applications "amateurs" et "artisanales".

▶ Solution du cadre en métal à taille variable
A la fin de cet ouvrage, pour les utilisations plus intensives, nous verrons comment réaliser un système de cadre métallique astucieux et plus technique qui offrira les avantages des deux solutions précédentes sans leurs inconvénients.

■ *Le choix du bois*

Pour notre application, le cadre support sera réalisé en bois, avec de simples tasseaux de pin ou de sapin. Les découpes des tasseaux seront faites à angles droits. Il est inutile de faire des angles à 45 degrés. Ainsi, l'assemblage des quatre tasseaux qui composent le cadre se fera simplement par quatre vis à agglo, une dans chaque angle.

Le choix du bois pour le cadre support présente plusieurs avantages par rapport au métal :

Simplicité du cadre en bois

- Le cadre sera ainsi à la fois économique et facile à réaliser.

- La fixation du film plastique sur le cadre en bois tendre pourra se faire par de simples petites pointes à têtes plates. Les pointes seront faciles à retirer et à remettre de nombreuses fois.

- Le bois est un isolant thermique capable de résister à la température du four le temps du thermoformage.

- Après les quelques minutes nécessaires dans le four pour le ramollissement du film plastique, le cadre en bois sera à peine chaud et pourra donc être manipulé pratiquement à main nue, sans risque de se brûler. Ce ne serait pas le cas avec un cadre en métal.

Le bois, isolant et résistant à la chaleur du four

- En outre, comparativement aux systèmes de cadres en deux parties couramment rencontrés, cette solution du cadre en bois avec pointage du film plastique a l'avantage d'être adaptable en taille au besoin, pour utiliser juste la quantité nécessaire de matière.

Le cadre en bois, plus modulable et plus économe en plastique que le cadre métallique.

Taille du cadre et étirement du film plastique

La taille de l'ouverture interne du cadre doit être choisie en fonction de la taille du master, c'est à dire de sa longueur, de sa largeur et de sa hauteur.

Le film plastique va devoir s'étirer pour épouser les reliefs du master. En s'étirant, il va perdre de l'épaisseur.

La capacité d'étirement maximale du film plastique est limitée. L'élasticité, c'est-à-dire la capacité et la facilité d'étirement, est variable selon les types de plastique utilisés et selon la température du film pendant le thermoformage.

Epaisseur versus Etirement

Etirement	Taux de réduction d'épaisseur
Longueur x 2	x 2
Surface x 2	x 4

Si l'on dépasse la capacité d'étirement du film plastique, il risque de se déchirer au moment du thermoformage ou de se casser ensuite pendant le démoulage ou l'utilisation. Dans le cas des dalles, des pavés et des plaquettes de parement, la zone qui va devoir le plus s'étirer se trouve à la périphérie, et notamment dans les angles.

En pratique, en tablant sur un étirement du film plastique de l'ordre de 100% dans la zone périphérique, on reste dans les limites de faisabilité pour la plupart des moules. Cela signifie que la longueur de l'ouverture du cadre pourra être choisie égale à la longueur du master + deux fois sa hauteur. Même chose pour la largeur.

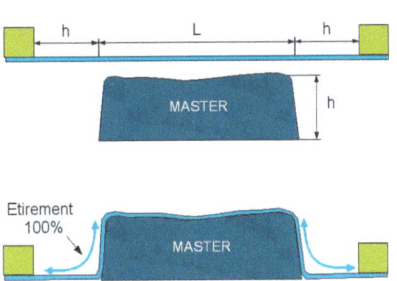

Zones d'étirement du film plastique

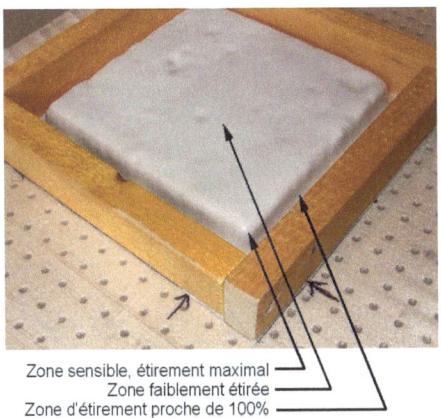

Zone sensible, étirement maximal
Zone faiblement étirée
Zone d'étirement proche de 100%

■ Réalisation du cadre

Prenons l'exemple d'un cadre support de thermoformage pour une dalle carrée en pierre dont les dimensions sont :

- Longueur   A   =   200 mm
- Largeur   B   =   200 mm
- Hauteur   H   =   30 mm

Afin de limiter l'étirement du film plastique à 100% en périphérie, les dimensions de l'ouverture interne du cadre seront :

- Longueur interne   A + (2 x H) =   200 + 2 x 30 = 260 mm
- Largeur interne   B + (2 x H) =   200 + 2 x 30 = 260 mm

Si nous utilisons des tasseaux de pin ou sapin de section 27 x 37 mm assemblés bout à bout à angle droit, les dimensions du cadre seront alors :

- Longueur externe   260 + 2 x 27   =   314 mm
- Largeur externe   260 + 2 x 27   =   314 mm
- Hauteur   37 mm
- Epaisseur   27 mm

▶ Nomenclature

- 2 x tasseaux en bois 37 x 27 mm : Longueur = A + (2 x H) + 27mm = 287 mm
- 2 x tasseaux en bois 37 x 27 mm : Longueur = B + (2 x H) + 27mm = 287 mm
- 4 x vis agglo 4.5 x 40 mm

▶ Assemblage

Les quatre tasseaux sont assemblés très simplement bout à bout à angle droit, à l'aide des 4 vis à agglo. Un avant-trou est pratiqué à la perceuse pour éviter l'éclatement du bois.

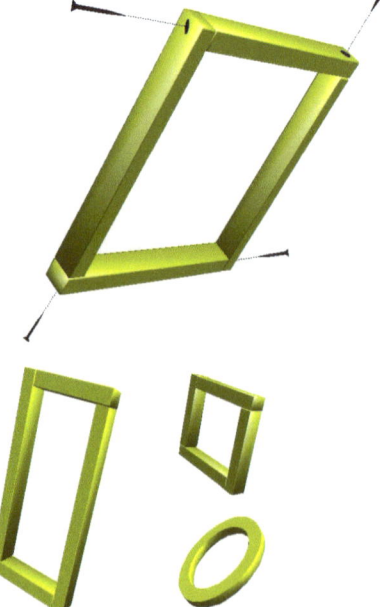

Tailles et formes du cadre adaptables en fonction du master

Le film plastique

■ La matière

Les plastiques thermoformables sont des polymères qui ont la particularité d'être solides et rigides à froid, au-dessous de leur seuil de transition vitreuse appelé "Tg". Juste au-dessus de ce seuil de température, ils deviennent mous et ductiles. Puis en les chauffant un peu plus, on entre dans leur zone de plasticité où ils deviennent facilement déformables. Plus haut encore, aux alentours de 200°c pour la plupart, ils deviennent liquides. Voici ci-dessous un tableau des polymères plastiques les plus couramment utilisés en thermoformage. On remarquera que certains ont leur Tg en dessous de 0°c. Ils sont donc relativement mous et souples à température ambiante (25°c) alors que les autres sont rigides et éventuellement cassants.

Types Polymères	T° Transition vitreuse	T° Thermo-formage	Particularités
● Polystyrène cristal (PS)	+ 95 °c	130 à 185 °c	Thermoformage facile Relativement dur
● Polyéthylène (PE)	- 110 °c	85 à 140 °c	Relativement mou Qualité alimentaire
● Polypropylène (PP)	- 10 °c	150 à 165 °c	Relativement mou
● Polycarbonate (PC)	+ 150 °c	170 à 200 °c	Refroidissement rapide Pompe à vide puissante
● Acrylonitrile butadiène styrène (ABS)	+ 100 °c	130 à 180 °c	Thermoformage facile
● Polychlorure de vinyle (PVC)	+ 90 °c	100 à 155 °c	Expansé parfait pour moules thermoformés
● Polyméthacrylate de méthyle (PMMA)	+ 120 °c	150 à 190 °c	---
● Polystyrène choc (SB)	+ 90 °c	150 à 190 °c	Thermoformage facile

On trouve ces polymères sous forme extrudée ou expansée, en films, en feuilles ou en plaques, translucides ou opaques, de différentes couleurs.

■ Les plastiques disponibles dans le commerce

Forme Matière	Epaisseur	Coût /m^2	Avantages	Inconvénients
● Plaques Polystyrène Blanc translucide Type OPAL	2 mm (existe en 1 ou 1.5 mm)	18€	Facile à trouver en GSB. Relativement mince. Facile à ramollir. Thermoformage aisé. Bonne finesse de détail. Peu cher.	Rigide et cassant. Se coupe à la scie ou se clive. Non pointable. Démoulage délicat. Contre-dépouilles "interdites". Opaque.
● Plaques PVC expansé Blanc opaque Type FOREX	3 mm (existe en 1 ou 2 mm)	28€	Mou et souple. Non cassant. Pointable. Se coupe au cutter. Démoulage facile. Se trouve en GSB. Peu cher. Moule robuste et stable.	Peu de finesse de détail (en 3mm). Un peu délicat à chauffer. Opaque.
● Film Multiglass PVC rigide Transparent Type SEDPA	1 mm	12€	Souple. Non cassant. Pointable. Se coupe aux ciseaux. Faible épaisseur. Transparent. Démoulage facile. Se trouve en GSB. Economique.	Clivable sur amorces. Difficile à ramollir. Aspiration puissante. Fort rétreint. Refroidissement rapide Moule souple.
● Plaque Polycarbonate Type LEXAN ou MACROLON			Se trouve sur Internet. Thermoformable par excellence.	Difficile à trouver en GSB.
● Plaques de Verre organique transparent Type BRIO	1.2 mm	20€	Facile à trouver en GSB. Mince. Bonne finesse de détail. Transparent à chaud. Peu cher.	Rigide et cassant. Démoulage délicat.
● Plastiques mous d'emballage, de stockage ou de rangement, récupérés ou détournés.	Variable, 1 à 3 mm	0€	Mou et souple. Non cassant. Démoulage facile. Gratuit.	Tailles de moules limitées par les surfaces planes récupérables.

Lexique du tableau :

GSB : Grande Surface de Bricolage.
Transparence : Positionnement facile du cadre sur le master pendant le thermoformage.
Pointable : On peut enfoncer une pointe à travers sans risque de fissuration.
Clivable : Après une amorce rectiligne au cutter, se casse facilement sur un rebord.
Contre-dépouilles : Angles rentrants sur le master qui rendent le démoulage impossible.

■ Où trouver en pratique des plaques de plastique ?

On trouve relativement facilement différentes sortes de plastiques. Voici quelques exemples :

- En grande surface de bricolage, dans les rayons déco, "verre organique" pour l'encadrement des photos sous verre :

    - Plaque de **Verre organique transparent** pour cadre photo, marque BRIO, 700 x 500 x 1.2 mm pour cadre photo, chez Bricomarché.

Verre organique pour cadre

- En grande surface de bricolage, dans les rayons vitrage, toiture et serres :

    - Plaque **Polystyrène Blanc** translucide, marque OPAL, 1000x500x2mm ou 1000 x 1000 x 2 mm chez Bricomarché.

Polystyrène blanc

    - Plaques **PVC expansé blanc** 1000 x 500 x 3 mm ou 1000 x 1000 x 3 mm chez Leroy Merlin.

PVC expansé blanc

    - Film **Multiglass PVC rigide** transparent, marque SEDPA, en rouleau de 35 m, largeur 1 m ou 1.25 m, épaisseur 1 mm, à la coupe chez Bricomarché.

Multiglass PVC rigide

- Plastiques mous d'emballage, de **récupération** ou de "détournement" de type PE ou PP.

    - Bidons de pétrole (ex 20 L) ou de liquides en matière plastique relativement molle, épaisseur 1 à 3 mm.
    - Eléments de packaging, blisters, etc.

Plastique de récupération

■ Découpe du film plastique

Le cadre support est posé sur la plaque en plastique et utilisé comme gabarit pour y tracer le contour de découpe à l'aide d'un marqueur.
Puis, la découpe est réalisée en utilisant l'une des méthodes suivantes, selon la dureté du plastique et son épaisseur :

- Film en plastique mou et mince :
    - Découpe directe avec des ciseaux forts.

Tracé au marqueur

- Plaque en plastique mou et épais :
    - Découpe directe au cutter à l'aide d'une règle métallique en guise de guide.

- Plaque de plastique rigide :
    - Amorce de découpe au cutter puis clivage (fractionnement) sur un rebord anguleux.

Découpe directe au cutter

■ Fixation sur le cadre

En chauffant et en se ramollissant, le film plastique va se rétracter. D'autre part, il devra être maintenu solidement par le cadre lors de l'opération de formage sous vide. La feuille plastique est donc fixée à intervalles réguliers sur le cadre en bois, tous les 2 ou 3 cm, à l'aide de petites pointes fines à têtes plates.

- Dans les plastiques rigides, les pointes enfoncées directement risquent de créer des fissures. Dans ce cas, il faut pratiquer d'abord des avant-trous dans le plastique à la perceuse à l'aide d'un foret de petit diamètre.

Avant-trous dans les plastiques durs et pointes à têtes plates

- Dans les plastiques mous, les pointes peuvent être enfoncées directement.

- Les pointes sont placées près du bord extérieur du cadre afin de perdre le moins possible de surface plastique pour le moulage, au moment de l'étirement du film.

- Entre chaque pointe, le plastique va se rétracter. Il ne faut pas hésiter à mettre beaucoup de pointes afin que les rebords du moule ne soient pas trop morcelés après le formage.

Pointage direct dans les plastiques mous

- Les pointes sont enfoncées à fond, leurs têtes plates devant juste affleurer à la surface du film plastique, ceci afin de ne pas créer de passages d'air lorsque le cadre sera en appui sur la boite à vide.

La boîte à vide

*L*a boîte à vide est l'élément clé du procédé de thermoformage par dépression sous vide. Il s'agit d'une boîte en bois très simple à réaliser à l'aide de panneaux de bois ou contre-plaqué et de tasseaux. Il ne faut pas hésiter à la faire de grande taille pour permettre les plus grands projets de moulage.

■ *Principe général*

Il s'agit de réaliser une boîte étanche sur 5 faces et constellée de petits trous sur la 6ème face, la face supérieure. Cette face que nous appellerons "plaque à trous" doit être suffisamment rigide pour ne pas plier sous le poids du modèle qui sera posé dessus, ni sous la force d'aspiration.

Boîte à vide avec aspirateur

Il est inutile que la boîte à vide soit haute comme on le voit souvent dans les réalisations d'amateurs. Au contraire, il vaut mieux qu'elle soit plate pour renfermer le moins d'air possible, ceci afin d'accélérer au maximum la phase de dépression pendant le thermoformage. La boîte doit cependant être suffisamment épaisse pour permettre la création, sur l'un de ses côtés, d'un trou conique dans lequel viendra se brancher directement l'embout de l'aspirateur. La plupart des embouts d'aspirateurs domestiques se branchent sur un trou légèrement conique (le tube du manche d'aspiration) dont l'entrée a un diamètre de 35mm. Avant de fabriquer votre boîte à vide, mesurez le diamètre de l'embout de votre aspirateur. Pour ne pas être embêté, la hauteur totale de votre boîte à vide devra être au moins égale au diamètre du trou d'aspiration + 15 mm, soit en général 35 + 15 = 50 mm minimum.

Pour ce qui est de la taille (longueur x largeur) de votre boîte à vide, elle doit être égale à la taille des plus grandes pièces que vous souhaitez reproduire + environ 100mm (50mm de chaque côté). La boîte que nous vous proposons fait L x l x ep = 600 x 500 x 50 mm. Elle permettra de mouler des pièces de n'importe quelle taille, jusqu'à 400 x 500 mm. Mais, si vous avez besoin de plus (ou de moins) vous pouvez adapter ses dimensions à votre convenance sans difficulté particulière.

Notez bien que, à moins que vous n'ayez décidé de réaliser la voûte infrarouge qui est proposée à la fin de cet ouvrage, vous serez limité aussi dans les dimensions de vos moules par la taille de votre four de cuisine. Mesurez donc avant tout votre four de cuisine.

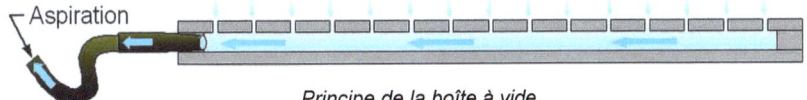

Principe de la boîte à vide

■ *Assemblage et étanchéité*

L'étanchéité est essentielle pour le bon fonctionnement de la boîte à vide. Elle peut être assurée de plusieurs façons :

1. Au moment de l'assemblage par l'application d'un cordon de mastic silicone continu entre les différentes pièces de l'assemblage.

Etanchéité interne par mastic

2. Après l'assemblage, par recouvrement des interfaces et des angles de la boîte avec un ruban adhésif de type scotch d'emballage.

Etanchéité externe par scotch

Pour la boîte que je vous propose de réaliser, nous choisirons la première solution qui est très efficace et donne un plus bel aspect à l'outil fini. Le scotch pourra éventuellement être utilisé en secours si des fuites persistent malgré les joints internes en silicone.

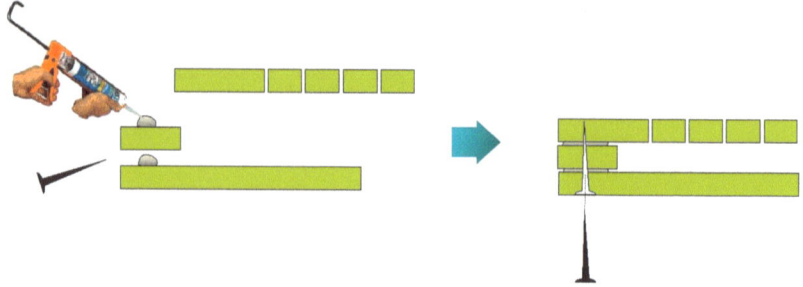

Réalisation de l'étanchéité par joint de mastic silicone déposé entre les éléments.

■ Réalisation d'une boîte à vide de 60 x 50 x 5 cm

La taille de cette boîte à vide va vous permettre de réaliser des moules en plastique jusqu'à environ 500 x 400 mm de côté. Si vous envisagez de faire des thermoformages encore plus grands, augmentez ses dimensions L et l selon votre besoin. Il faut environ trois heures pour construire cette boîte à vide et son coût ne dépasse pas 20€.

▶ **Matériaux et plan de découpe**

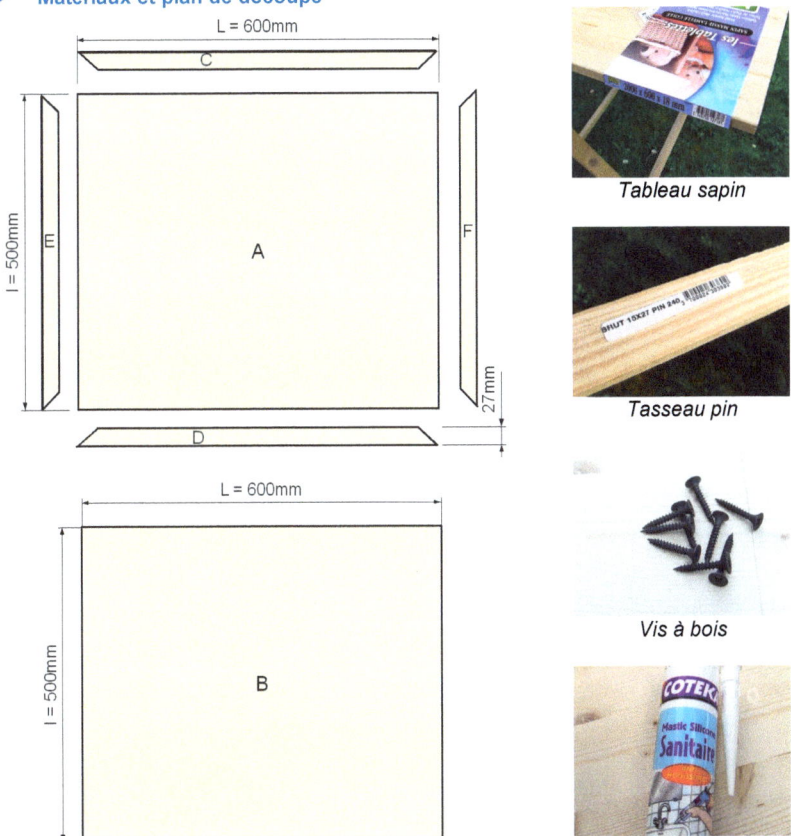

Tableau sapin

Tasseau pin

Vis à bois

Mastic silicone

▶ **Nomenclature**
- A et B = 2 x Plaques de bois lamellé collé ou contre-plaqué (L) 600 x (l) 500 x 18 mm
- C et D = 2 x Tasseaux en bois (L) 600 x 27 x 15 mm, les extrémités coupées à 45°
- E et F = 2 x Tasseaux en bois (l) 500 x 27 x 15 mm, les extrémités coupées à 45°
- 14 Vis à agglo 4.5 x 40 mm
- Une cartouche de mastic silicone

▶ **Outils**
Scie égoïne ou électrique, scie à onglets, perceuse, visseuse, forets 3mm, 6mm, 12mm, 25mm, râpe à bois demi-ronde, papier de verre, pistolet à cartouche de mastic, réglet, équerre, crayon...

▶ **Description des étapes d'assemblage**

1. Découpez et poncez les 2 plaques A et B et les 4 tasseaux C, D, E et F.
2. Déposez un cordon continu de mastic silicone à 1 cm du bord sur toute la périphérie de la plaque A.
3. Posez et positionnez les tasseaux C, D, E et F sur la plaque A, par dessus le cordon de mastic. Dans l'angle entre chaque tasseau, déposez un peu de mastic pour l'étanchéité.
4. Déposez un deuxième cordon de mastic continu sur les tasseaux, au centre, en prenant soin au passage de bien boucher les interfaces entre les tasseaux au niveau des angles à 45°.
5. Posez et positionnez la plaque B sur les tasseaux en écrasant le cordon de mastic.
6. Placez des serre-joints autour de l'assemblage pour le maintenir en place pendant les étapes suivantes.
7. Percez 14 avant-trous de diamètre 2 ou 3mm à travers la plaque de fond B et les tasseaux, en périphérie à 12mm du bord et fraisez avec un foret de 10 ou 12 mm pour cacher les têtes de vis.
8. Placez et vissez les 14 vis agglo dans les trous, à travers la plaque B, les tasseaux et la plaque A.
9. A l'aide d'un foret à bois de 25mm, percez un trou sur un petit côté de la boîte, à mi-hauteur, à proximité d'un angle mais en prenant garde de ne pas tomber en face d'une vis.
10. Agrandissez le trou à l'aide d'une râpe à bois demi-ronde en lui donnant une forme légèrement conique, de manière à pouvoir y introduire en force l'embout de votre aspirateur ménager.
11. Tracez au crayon papier sur la face supérieure A, celle où l'on ne voit pas les têtes de vis, une trame avec un pas de 20 mm, les lignes et colonnes périphériques étant à 30 mm du bord. Vous devriez avoir 28 lignes et 23 colonnes.
12. Percez un trou de 4 ou 6mm dans la plaque A sur chaque intersection de ligne et de colonne de la trame. Vous devriez donc avoir 644 trous à percer. Bon courage !
13. Poncez l'ensemble de votre boîte à vide qui est maintenant terminée.

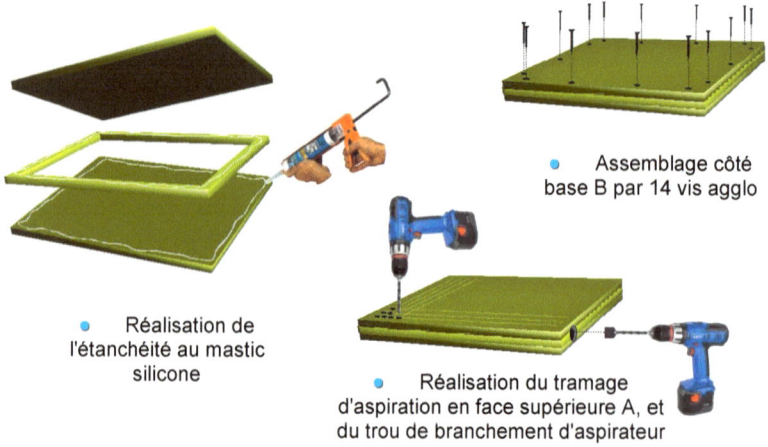

• Assemblage côté base B par 14 vis agglo

• Réalisation de l'étanchéité au mastic silicone

• Réalisation du tramage d'aspiration en face supérieure A, et du trou de branchement d'aspirateur

▶ **Les principales étapes en images**

● *Les outils de base :*
Aux outils habituels, il faut ajouter la scie à onglets, les forets, les serre-joints, la râpe à bois et le papier de verre.

● *Les pièces en bois :*
La base, la plaque supérieure et les 4 tasseaux découpés, poncés et prêts pour l'assemblage.

● *Etanchéité de la boîte à vide :*
Pose du mastic silicone dessous, dessus les tasseaux, et entre les tasseaux dans les angles.

● *Assemblage :*
Maintien pendant l'assemblage à l'aide des serre-joints. Réalisation d'avant-trous fraisés à travers la plaque de base et les tasseaux. Mise en place des 14 vis agglo à travers la plaque de base.

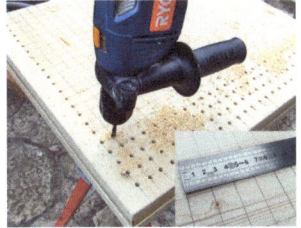

● *Trou d'aspiration :*
Percement du trou pour l'embout de l'aspirateur et agrandissement conique à l'aide de la râpe à bois. L'embout d'aspirateur doit rentrer en force.

● *Plaque à trous :*
Tracé de la trame des trous d'aspiration au pas de 2 cm (28 x 23 = 644 trous) sur la plaque supérieure et percement des trous avec un foret de 4 ou 6 mm.

*T*éléchargez un plan détaillé de cette boîte à vide sur le site rêve de pierre.

■ Le cache, un accessoire utile...

▶ **Problématique**

La surface entière de notre boîte à vide est constellée de trous. Pour le processus de thermoformage sous vide, il faut résoudre plusieurs problèmes :

1. Lorsque le cadre de notre moule est plus petit que la boîte, il faut trouver une solution pour boucher les trous d'aspiration qui se trouvent à l'extérieur du cadre. Ceci pourrait être fait en recouvrant ces trous avec du ruban adhésif large, mais ce serait assez coûteux en adhésif et peu durable.

2. Pour l'efficacité du moulage sous vide, il est important d'assurer rapidement l'étanchéité sous le cadre lui-même au moment où on le met en appui sur la plaque à trous.

3. Dans un but d'optimisation, le cadre est souvent à peine plus grand que le master et le plastique utilisé est opaque. On ne voit donc pas le master au moment de l'opération de formage alors même qu'il faut poser le cadre avec précision. Il faut donc une solution simple qui permette de se guider pour présenter le cadre bien au centre, à la verticale du master, et pour le descendre bien droit jusqu'à l'appui sur la plaque à trous.

▶ **La solution du cache**

Nous allons utiliser la "**méthode du cache souple**". Il faut une feuille de matière souple et non poreuse de faible épaisseur (2 à 4 mm) d'une taille supérieure ou égale à celle de la boîte à vide. Il faut aussi un marqueur indélébile et un cutter ou une paire de ciseaux. La feuille souple peut être :

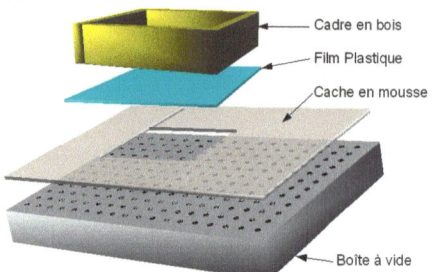

Solution du cache souple

- Une feuille de mousse de récupération en matière plastique à bulles fermées, pour la protection des emballages. Il faudra la renouveler souvent car elle aura tendance à fondre sous le film plastique.

- Ou une plaque de mousse en silicone ou caoutchouc mince et souple quelconque plus résistante à la chaleur.

- Ou une simple plaque de carton épais, dense ou gaufré, qui sera peut-être un peu

Mousse d'emballage à bulles fermées

moins étanche mais aura l'avantage de mieux résister à la chaleur. Le carton gaufré sera plus souple mais il ne faudra pas oublier de boucher les alvéoles en périphéries avec du scotch pour bloquer les fuites d'air.

▶ **Réalisation du cache**

Nous réalisons le cache souple de la façon suivante :

- On découpe dans la feuille de mousse ou de carton un rectangle de la taille de la plaque à trous, soit 60 x 50 cm. On peut délimiter cette découpe en posant la boîte à vide sur la feuille souple et en traçant sur elle le contour extérieur de la boîte à vide, à l'aide du marqueur.

- On pose le cadre support de formage (sans la feuille thermoplastique) au centre de la feuille souple.

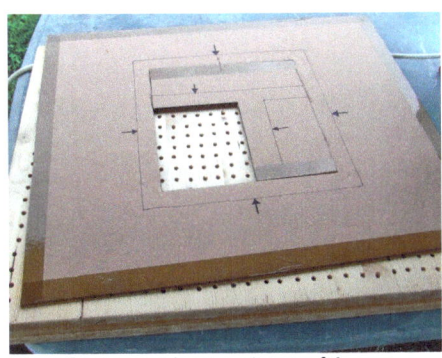

Cache souple en carton gaufré avec ouvertures modulables

- Avec le marqueur, on trace sur la feuille les deux contours intérieur et extérieur du cadre support.

- On crée l'ouverture du cache en découpant la feuille souple selon le contour intérieur du cadre.

- On dessine sur le cache de grosses flèches au marqueur pour indiquer visuellement le tracé du contour extérieur du cadre.

- Si le cache est en carton gaufré, on bouche les fuites d'air périphériques avec du scotch.

Le cache souple est ainsi terminé.

▶ **Utilisation**

Pour l'opération de thermoformage, il suffit de positionner le cache souple sur la boîte à vide. Il sera plaqué automatiquement par l'aspiration sur la plaque à trous. De cette façon, il permettra à la fois de :

1. Boucher les trous inutilisés à l'extérieur du cadre.
2. Guider visuellement la descente du cadre grâce aux marquages (flèches et contour) indiquant visuellement son bon positionnement.
3. Assurer l'étanchéité sous le cadre dès sa mise en appui sur la boîte à vide.

Cache souple en mousse à bulles fermées

S'il a tendance à bouger, quelques morceaux de scotch placés en périphérie permettront d'arrimer le cache souple à la boîte à vide.
On pourra avoir un cache souple unique à ouvertures modulables, ou bien un cache différent pour chaque taille de cadre.

La création d'une pièce ou d'un moule par thermoformage sous vide

Maintenant que nous avons réalisé une boîte à vide, un cadre et un cache, et que nous avons sous la main un aspirateur en bon état et un four de cuisine électrique avec grill de taille suffisante, voyons en détail la méthode que nous allons devoir suivre pour réaliser nos premiers moules et objets en plastique par thermoformage sous vide.

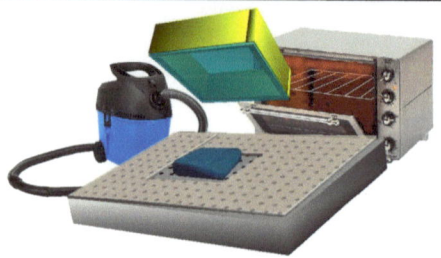

La chaîne de thermoformage à la maison

■ La méthode pas à pas

1. Préparez le cadre de thermoformage et le cache souple en carton ou en mousse.
2. Tracez des repères au marqueur sur le cache pour le positionnement du cadre et fixez le film plastique sur le cadre.
3. Organisez l'espace de travail en plaçant la boîte à vide à proximité du four.
4. Connectez l'embout de l'aspirateur sur la boîte à vide et branchez l'alimentation électrique du four et de l'aspirateur.
5. Placez le cache souple sur la boîte à vide et fixez-le éventuellement avec du scotch en périphérie.
6. Posez le master sur la plaque à trous bien au centre de l'ouverture du cache.
7. Aménagez si nécessaire les angles de dépouille du master avec de la pâte à modeler ou une autre méthode (voir dans les astuces de thermoformage).
8. Allumez et réglez le four électrique avec grill à 250°c.
9. Placez la cadre équipé de la feuille thermoplastique dans le haut du four, à environ 5 à 10 cm sous la grille infrarouge, le plastique étant orienté vers le haut, et observez. Laissez pour cela la porte du four légèrement entre-ouverte.
10. Démarrez l'aspirateur et vérifiez que le cache se plaque correctement sur la plaque à trous.
11. Prenez des gants ou des maniques et, lorsque le film plastique devient mou et commence à fléchir nettement sous son poids, sortez le cadre du four.
12. Présentez rapidement le cadre, film plastique en dessous, à la verticale du master et abaisser-le rapidement jusqu'à ce qu'il entre en contact avec le cache souple et à travers lui, la plaque à trous. Appuyez fermement sur le cadre.
13. Le vide se crée très rapidement dans la boîte et le film plastique est instantanément plaqué contre le master.
14. Maintenez la pression sur le cadre, attendez que le film plastique soit suffisamment refroidi, puis arrêtez l'aspirateur.
15. Désolidarisez le film du cadre en bois en enlevant les pointes une par une.
16. Dégagez le master du film thermoformé. C'est l'opération la plus délicate, surtout avec les plastiques rigides. Elle sera facilitée si les angles de dépouilles du master sont suffisants ou ont été correctement aménagés.

■ *Le thermoformage en images*

● *Préparation :*
L'aspirateur est "branché" sur la boîte à vide. Le master est posé au centre. Un cache souple en mousse est mis en place pour l'étanchéité sous le cadre de thermoformage et le colmatage des trous restants à la périphérie. Il est découpé au centre, autour du master.

● *Marquage :*
Le master est retiré pour réaliser un marquage de guidage sur le cache souple en mousse. L'étanchéité est vérifiée en allumant l'aspirateur et en posant le cadre sur le cache. Puis le master est repositionné au centre.

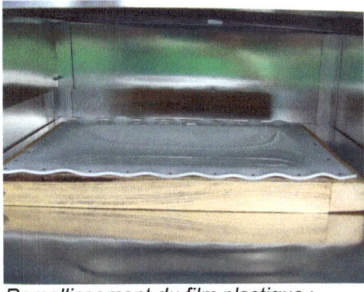

● *Réglage du four électrique :*
Le four est réglé sur 250°c en position"grill" de manière à faire chauffer la résistance de voûte qui se trouve en haut. Le cadre est placé à 5 ou 10 cm sous la résistance de voûte du four.

● *Ramollissement du film plastique :*
Au bout de quelques minutes, le plastique de déforme et fléchit nettement sous son propre poids. Il est alors tant d'allumer l'aspirateur et de sortir le cadre du four.

● *Formage du plastique sous vide :*
Sans perdre de temps à la sortie du four, le cadre est positionné et enfoncé à la verticale du master, en se guidant à l'aide du marquage réalisé sur le cache. Le film est instantanément plaqué sur le master.

● *Démoulage :*
Après refroidissement, le film plastique est désolidarisé du cadre en bois. Puis le master est retiré. Les bords techniques inutiles sont éliminés. Le moule en plastique est prêt à l'utilisation.

Les étapes cruciales du formage

- Le film plastique doit être bien ramolli avant de sortir le cadre du four. Il doit s'affaisser nettement sous son poids, typiquement de 1 à 2 cm. Il faut donc le surveiller régulièrement en entrouvrant la porte du four et éventuellement en le tâtant du bout des doigts.

- Il faut aller très vite entre la sortie du four et le positionnement sur la boîte à vide, à l'aplomb du master, afin que le film n'ait pas le temps de se refroidir. La boîte à vide doit être juste à côté du four.

Ramollissement et affaissement du film plastique dans le four

- L'aspirateur doit avoir un bon débit et une bonne force d'aspiration pour plaquer rapidement le plastique contre le modèle avant qu'il ne se refroidisse. Juste après le formage, il faut le laisser tourner quelques dizaines de secondes le temps du refroidissement du film plastique. Pendant cette phase, l'aspiration est bloquée et l'aspirateur peut se mettre à chauffer. Surveillez donc votre aspirateur et arrêtez-le avant qu'il ne surchauffe.

    o Certains aspirateurs sont équipés d'une protection thermique qui arrête automatiquement le moteur lorsque sa température est trop élevée. Pas de panique si cela arrive. Il redémarrera tout seul au bout de quelques minutes lorsqu'il aura suffisamment refroidi.

    o D'autres aspirateurs possèdent une soupape de sécurité qui libère automatiquement la pression lorsque l'entrée d'aspiration est bouchée. Ce type d'aspirateur peut poser un problème car il risque de se mettre en protection juste au moment où il faut assurer le vide maximal.

La boîte à vide et l'aspirateur sont placés à proximité du four.

Astuces de thermoformage et finitions

■ Réduction des contre-dépouilles

Vous voulez réaliser un moule à partir d'une dalle, un pavé, un parement ou un bas relief, dont les bords ou certains détails sont abruptes et risquent donc d'être difficiles ou impossibles à démouler. Il faut donc trouver une solution pour ouvrir les angles de dépouille de votre modèle d'origine afin qu'il devienne un master. On les augmentera suffisamment mais pas trop, de manière à ne pas modifier l'esthétique des tirages. Dans le cas des dalles, pavés et parements, les rebords extérieurs des tirages moins abruptes

Elimination des rebords pour le démoulage

que ceux du modèle d'origine ne poseront sans doute aucun problème d'esthétique puisqu'ils sont généralement comblés et cachés par les joints dans la construction.

- Réalisez des angles de dépouille de 5° au minimum. En pratique, pour les rebords de vos dalles ou parements qui seront au final cachés par les joints de la construction, n'hésitez pas quand c'est possible à pratiquer des angles de démoulage de 10° voir plus. Les démoulages en seront grandement facilités.

- Placez ou sculptez tout autour de votre master un biseau :
    - en mousse polystyrène,
    - ou en carton plié maintenu en place par du scotch,
    - ou, en pâte à modeler (très pratique),
    - ou en argile,
    - ou encore en mastic silicone (facile à enlever et sans trace).
  Faites remonter ce biseau le plus près possible du bord haut du master. Le moule réalisé sera un peu plus grand de quelques mm mais sera bien plus facile à démouler.

- Certains trous rentrants ou zones de contre-dépouilles peuvent aussi être bouchés avec du papier, papier d'aluminium, pâte à modeler ou mastic silicone.

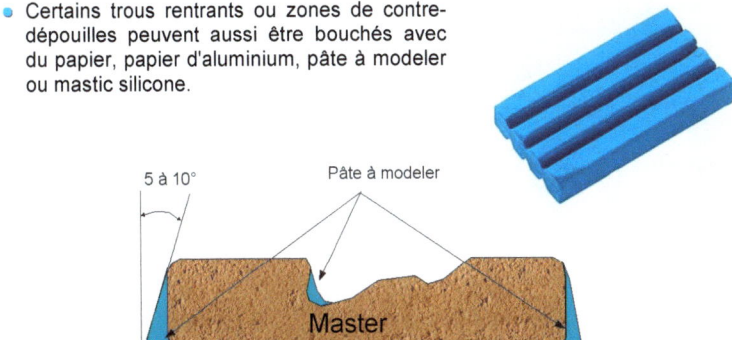

Création des angles de dépouille à la pâte à modeler

■ Utilisation de la pâte à modeler

La pâte à modeler classique est un des matériaux les plus faciles à utiliser pour augmenter les angles de dépouilles des modèles devant servir de masters.

- Avantages :
    - Elle est économique et on la trouve facilement dans le commerce.
    - Elle est réutilisable autant de fois que l'on veut.
    - On peut la ramollir au four à micro-ondes ou au décapeur thermique.
    - Elle peut être utilisée sur des masters en matériaux "froids" comme la pierre, la brique ou le ciment, sans se ramollir sous la chaleur du film plastique.

- Inconvénients :
    - Elle peut "encrasser" les masters dont la surface est rugueuse et être difficile à enlever après le thermoformage.
    - Sur les masters en matériaux légers ou isolants comme le bois, le film plastique peut communiquer sa chaleur à la pâte à modeler et la déformer.

Technique pour réaliser un biseau autour d'une dalle en pierre ou terre cuite :
1. Réchauffez la pâte à modeler au four à micro-onde ou au décapeur thermique.
2. Réalisez un boudin en roulant la pâte à modeler sur une surface plane.
3. Posez la dalle master sur une surface plane et lisse en carton dur.
4. Réchauffez la dalle avec le décapeur thermique.
5. Disposez le boudin de pâte à modeler tout autour de la dalle.
6. Avec les doigts, aplatissez et modelez la pâte contre le bord de la dalle pour créer un angle de dépouille régulier jusqu'au rebord supérieur.
7. Lorsque le master est prêt, découpez le support en carton dur le long du rebord en pâte à modeler, pour transférer l'ensemble sur la boîte à vide.

Création d'un boudin de pâte à modeler

Pré-chauffage de la dalle en pierre

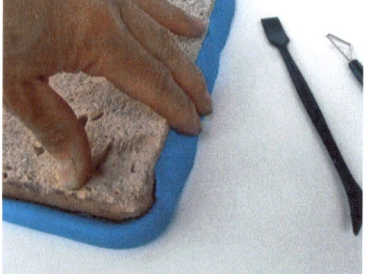

Modelage de la pâte ramollie

Transfert sur la boîte à vide

■ Moulage des forts reliefs et des formes concaves

Lors du thermoformage, le film plastique peut avoir du mal à épouser certaines zones concaves ou à forts reliefs, du fait du manque de dépression.

- Pour améliorer le moulage d'une telle zone, une solution consiste à pratiquer un petit trou à travers le master juste au centre de la zone, de telle sorte que le vide puisse s'y créer même après que le film se soit déjà plaqué tout autour.

Réalisation d'un trou avec une aiguille dans un master en mousse polyuréthane

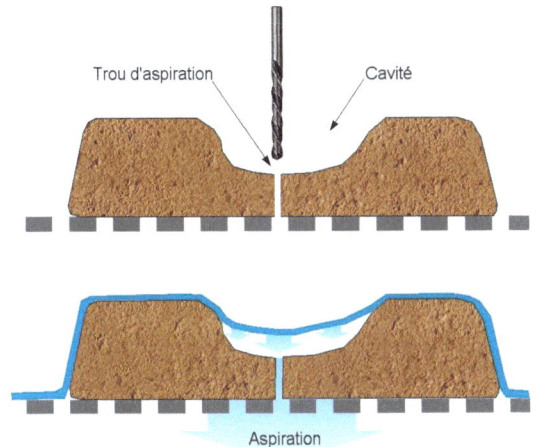

- Au moment du thermoformage sous vide, un apport de chaleur supplémentaire localisé, à l'aide d'un décapeur thermique, peut aider au formage des zones difficiles ou dont le refroidissement est trop rapide.

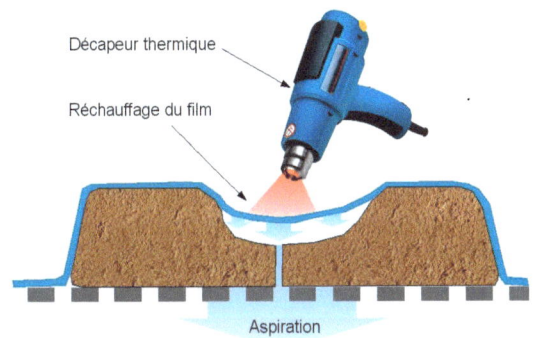

■ *Dépose du film thermoformé avant démoulage*

Avant de pouvoir retirer le master du film thermoformé, il faut désolidariser ce dernier du cadre en bois. On pourra profiter ainsi de la souplesse du plastique pour démouler plus facilement. Pour retirer facilement les petites pointes à têtes plates qui maintiennent le film sur le cadre, utilisez un petit canif ou un couteau et procédez de la façon suivante :

- Introduisez la pointe du couteau entre le cadre en bois et le film plastique. Faites ensuite glisser la lame jusqu'à proximité de chaque tête de pointe en appliquant un léger mouvement de torsion sur la lame. La pression devrait soulever le film plastique et faire sortir une à une les pointes du bois, de 2 ou 3 mm. Faites de même pour chaque pointe.

- Le film et les pointes étant maintenant soulevés de 2 ou 3 mm, re-plaquez le film contre le cadre, ce qui aura pour effet de dégager les têtes des pointes.

- Elevez les pointes une à une avec une pince ou une petite tenaille en les prenant sous la tête. Evitez de les tordre car elles pourront vous resservir.

*Pour dégager le master,
il faut d'abord retirer le film du cadre*

Soulevez le film plastique et la tête des pointes une par une en introduisant la lame du couteau sous le film.

Appuyez sur le film plastique pour dégager la tête de la pointe et sortez-là à l'aide d'une pince.

■ *Démoulage difficile dû à l'effet ventouse*

Le phénomène de ventouse peut rendre difficile le démoulage de certaines pièces lisses et peu poreuses.

- Une solution consiste alors à pratiquer un petit trou à l'arrière du moule plastique, dans la zone qui pose problème, afin que l'air puisse entrer pour permettre le démoulage. C'est le principe du petit pot de flan bien connu qui possède une étiquette à l'arrière pour le démoulage.

Principe du trou d'évent, pour faciliter le démoulage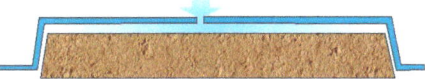

- Si vous disposez d'un compresseur à la maison, vous pourrez éventuellement expulser le master du moule en plastique en injectant de l'air sous pression par le trou.
- Pour les tirages en pierre reconstituée, le trou à l'arrière du moule pourra être rebouché avec un morceau de scotch, pour permettre les coulées, et débouché pour l'éjection des copies.

■ *Démoulage difficile dû au retrait*

Malgré les angles de dépouilles, certaines formes complexes peuvent rendre le démoulage difficile en raison du phénomène de retrait du plastique et de son adhérence sur le master. Une bonne précaution consiste à appliquer un agent de démoulage sur le master avant de procéder au thermoformage.

- Graissez par exemple le master avec du savon légèrement humide, simplement avec les doigts. C'est facile à faire et le savon partira ensuite facilement à l'eau si l'on souhaite récupérer le master.

- Ou utilisez de la cire incolore ou de l'huile de cuisine si vous ne craignez pas de perdre ou tacher le master.

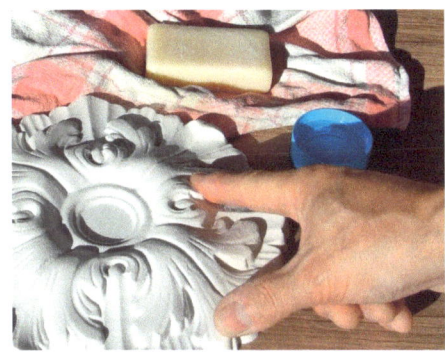

Savonnage du master avec du savon humide

■ *Finition du moule ou de l'objet thermoformé*

Après le thermoformage, il reste une bande de plastique inutile et irrégulière autour de la forme utile. Il convient d'enlever cette bande "technique" pour donner à l'objet ou au moule sa forme finale définitive. Comme à l'étape de la préparation du film plastique avant thermoformage, la découpe pourra se faire de la façon suivante en fonction du type de plastique :

- Plastique mou et mince :

    o   Découpe directe avec des ciseaux forts.

- Plastique mou et épais :

    o   Découpe directe au cutter, ou en se guidant éventuellement avec une règle métallique.

- Plastique rigide :

    o   Amorce de découpe au cutter puis clivage (fractionnement) sur un rebord anguleux.

    o   Ou découpe à la scie à métaux, ou à la scie à chantourner.

Elimination de la bande technique   *Moule en plastique terminé*

Une Voûte Infrarouge sur mesure

Il n'y a pas de limite dans la taille de la boîte à vide puisque nous pouvons adapter ses dimensions à notre besoin à sa construction. Alors, la taille maximale des moules que l'on peut réaliser par thermoformage dépend exclusivement de la taille du four disponible. On peut ne pas avoir de four électrique avec grill de voûte ou, si l'on a un four de cuisine classique, sa taille ne dépasse sans doute pas 40 x 40 cm et il est dans ce cas difficile de réaliser des moules thermoformés de plus de 30 x 30 cm. Voyons donc comment construire soi-même une voûte chauffante infrarouge sur mesure.

■ Principe

Pour construire une voûte chauffante, il faut trouver une ou plusieurs sources de rayonnement infrarouge et les assembler sous une plaque avec isolation thermique et déflecteur infrarouge. Il faut une puissance de rayonnement infrarouge de l'ordre de 0.5W à 1W par cm^2.

▶ Les sources de rayonnement Infrarouge

- Il existe des émetteurs infrarouge en céramique de 650W à 1200W et de 245 x 60 mm pour environ 25€. Ils sont parfaitement adaptés pour le thermoformage. Malheureusement, il est très difficile d'en trouver dans le commerce en France, ou même sur Internet, à moins de les commander aux états unis.

Emetteur céramique infrarouge

- Autre solution, les lampes à rayonnement infrarouge. Les ampoules halogènes à infrarouge de type tubulaire de 500W ou 1000W sont couramment utilisées pour le thermoformage des plastiques. Elles sont cependant relativement chères et il n'est pas facile de trouver les culots très particuliers qui permettent de les monter et de les connecter. On peut trouver aussi à moins de 20€ des lampes réflecteurs à Infrarouge avec des culots à visser standards E27 comme la IR375CH de Philips qui fournit une puissance de 375W sous un angle de 60°. Nous ne rentrerons cependant pas dans le détail de l'utilisation de telles lampes, ceci afin de nous concentrer sur la solution suivante.

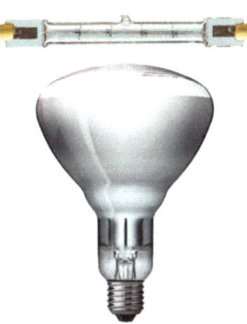

Lampes à rayonnement infrarouge

- On peut trouver relativement facilement des résistances à infrarouge pour fours électriques dans les boutiques de pièces détachées pour électroménager, dans le commerce ou sur Internet, pour moins de 30€. Vous en trouverez par exemple en tapant "résistance four électrique" sur un moteur de recherche. Ces résistances peuvent être pour voûte ou pour sole. Il en existe une grande variété de formes et de puissances. Elles se branchent sur le réseau secteur 220V alternatif.

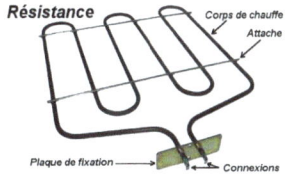

Résistance de four électrique

▶ Utilisation de résistances de fours ménagers

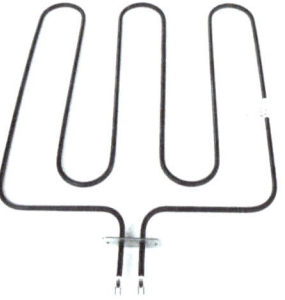

Avec une seule résistance de four électrique ménager dont la surface utile serait 350 x 350 mm, on peut réaliser une voûte infrarouge de 450 x 450 mm. En assemblant plusieurs résistances identiques en parallèle, il est possible de construire une voûte de très grande taille. Une puissance de 800 à 1200W par élément est suffisante, ce qui donne par exemple une puissance totale de 3200 à 4800W pour quatre éléments, soit entre 15 et 22 ampères au compteur électrique. Avant de se lancer dans une telle réalisation, il faut vérifier que les prises électriques et le compteur sont capables de supporter ce courant.
Fixez les résistances à environ 2 cm sous une plaque en inox ou en aluminium brillant qui servira de réflecteur infrarouge. Construisez autour une structure de protection électrique et thermique et placez dessous à environ 20cm une deuxième plaque d'aluminium en guise de sole. L'ensemble sera fermé sur au moins 3 côtés, pour éviter le refroidissement du film plastique par courants d'air, et vous permettra de glisser sous la voûte et de retirer facilement vos cadres de thermoformage.
Prévoyez un disjoncteur phase + neutre adapté, 10A, 16A ou 32A, selon le nombre de résistances de votre voûte, et n'oubliez pas de relier le châssis métallique à la terre.

■ *Avertissement : Risques, Sécurité et Protection*

La grille chauffante infrarouge dont il va être question ici est capable de chauffer à plus de 300°c. Elle fonctionne sur le secteur électrique et consomme un courant relativement fort, de 6 à 20 ampères suivant sa taille. Vous devez prendre en compte et maîtriser tous ces paramètres lors de sa réalisation et ensuite lors de son utilisation. Si vous ne vous en sentez pas capable ou si vous n'avez pas des connaissances et des compétences minimum en électricité et en thermique, ne vous lancez pas dans cette réalisation. L'auteur et l'éditeur ne pourront en aucun cas être tenus responsables pour des accidents ou sinistres résultant de l'utilisation et de la mise en pratique des contenus de cet ouvrage.

▶ Risque de brûlures

Ne touchez pas les parois externes de votre voûte lors de son utilisation.
Eloignez les enfants lors de l'utilisation de votre voûte.
Si vous souhaitez éliminer totalement le risque de brûlure, fixez une grille métallique à 2 cm autour des parois et au-dessus de votre voûte.
Posez votre voûte sur un support stable et résistant à la chaleur.
Posez-la éventuellement sur des cales en bois.

▶ Risque électrique

Vérifiez que votre installation électrique est bien équipée d'un disjoncteur différentiel avec mise à la terre et que la prise électrique que vous utilisez est bien équipée d'une borne de terre.
Lors du câblage de votre voûte, assurez-vous qu'aucune cosse électrique ou fil dénudé ne peut venir au contact d'un élément du châssis métallique et connectez bien ce dernier à la borne de terre de la fiche secteur mâle.

Assurez-vous qu'aucune gaine ou élément d'isolation ou de protection en plastique ne puisse fondre en touchant la paroi chaude de la voûte.
Veillez bien à éteindre votre voûte dès qu'il n'est plus nécessaire qu'elle soit allumée.

■ Réalisation d'une voûte simple de 45 x 45 cm 1200W

▶ Caractéristiques
Dimensions : 55 x 46 x 21 cm extérieur et 44 x 45 x 14 cm intérieur
Alimentation : Secteur 220Vac 6A avec terre
Disjoncteur : Phase + neutre 10A
Résistance IR : 37 x 42 cm 220V 1200W
Poids : 3.2Kg
Coût matériaux et fournitures : environ 100€
Temps pour la construction : environ 6h

▶ Fournitures et matières premières
2 x Tôles d'aluminium brut lisse 600 x 1000 x 0,8 mm
1 x Cornière d'aluminium brut 1000 x 23,5 x 1,5 mm
1 x Tôle d'aluminium perforée en carrés 500 x 250 x 0,8 mm
2 x Charnières métalliques 50 x 30 mm
1 x Fiche secteur mâle 16 A avec terre
5 mètres câble souple 3G 2,5 mm2
1 x Disjoncteur phase + neutre 10 A
1 x Coffret plastique pour 1 module disjoncteur
2 x Cosses plates femelles isolées à sertir
1 x Résistance de four électrique 370 x 420 mm, puissance entre 1200W et 1500W
30 x Boulons (vis + écrous) 20 x 3 mm
4 x Boulons (vis + écrous) 30 x 4 mm

Voûte infrarouge

▶ Méthode de découpe et de pliage de la tôle d'aluminium
La tôle d'aluminium de faible épaisseur (0,8 mm) se travaille très facilement. Il faut pour cela un petit établi pliant, un cutter en métal puissant et bien aiguisé, deux serre-joints, une cornière en aluminium de 1m et une barre plate en aluminium de 1m, pour servir de "guide" et de "contre-guide" pour le pliage et la découpe.

1. Tracez la ligne de découpe ou de pliage au marqueur sur la tôle.
2. Maintenez fermement la cornière d'aluminium en appui sur la tôle, le long de la ligne de coupe.
3. Faites une 1ère passe au cutter en appuyant fortement et en guidant la lame le long de la cornière. Le but est d'inciser l'aluminium pour créer l'amorce de pliage.
4. Si c'est pour un pliage, faites une seule passe au cutter.
   Si c'est pour une coupe, faites trois passes.
5. Placez la cornière alu le long du rebord de l'établi et placez la tôle au dessus en alignant la ligne de pliage sur l'arête formée par la cornière.
6. Placez au dessus de la tôle la barre plate en aluminium en l'alignant sur la ligne de pliage.
7. Placez un serre-joint à chaque extrémité pour maintenir la tôle en sandwich entre la cornière et la barre plate.
8. Exercez une pression vers le bas sur le bout de la tôle libre de manière à la faire plier le long de la ligne incisée.
9. Un pliage se fait en un seul mouvement. Une coupe se fait en faisant plusieurs mouvements d'aller-retour.
10. Ebavurez les lignes de pliage et de coupe à la lime à métaux plate.

▶ **Découpe et pliage des éléments de structure en aluminium**

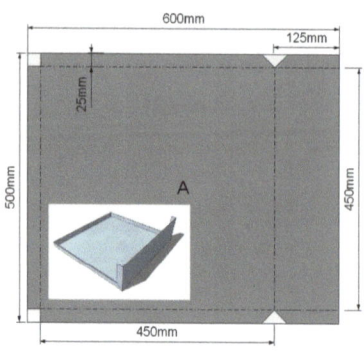

La plaque de voûte A en alu 0.8mm

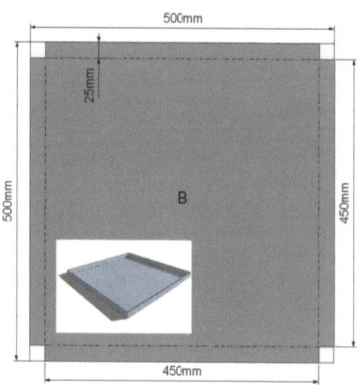

La plaque de fond B en alu 0.8mm

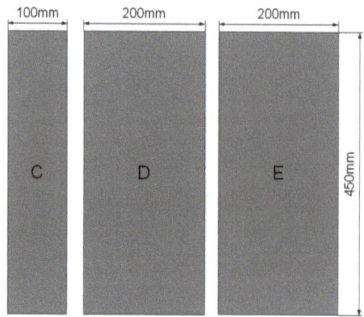

Les Plaques latérales C, D et E en alu 0.8mm

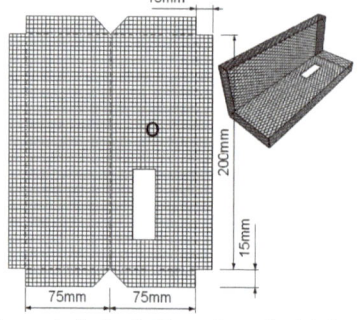

La porte battante F en alu perforé 0.8mm

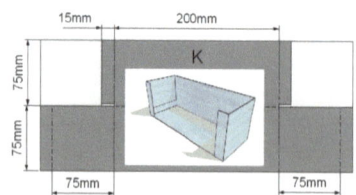

Le compartiment électrique K en alu 0.8mm

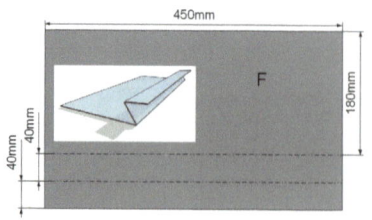

Le capot de compartiment O en alu 0.8mm

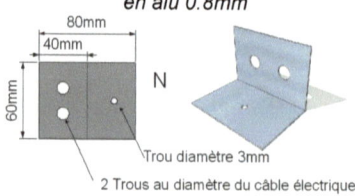

L'arrêtoir de câble N en alu 0.8mm

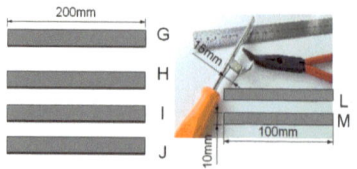

Les 4 cornières d'angles G, H, I, J en alu et les 2 brides L et M en alu 0.8mm

▶ **Assemblage des éléments de structure**

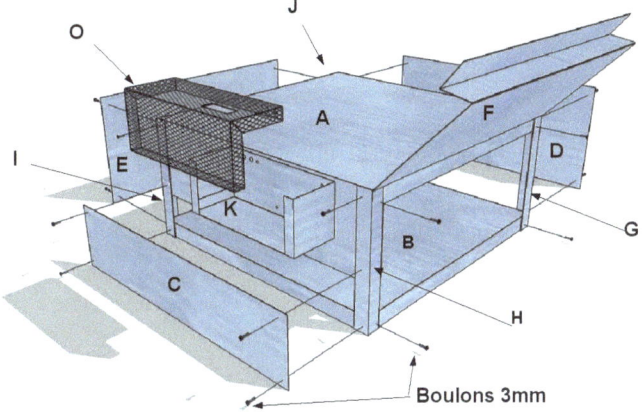

Boulons 3mm

Les éléments de la voûte sont assemblés à l'aide des petits boulons de 3mm, les écrous étant placés à l'intérieur. Les trous de 3mm sont percés à travers les différents éléments alors qu'ils sont maintenus pré-assemblés.

▶ **Schéma électrique de la voûte**

Le corps de la résistance de voûte est isolé électriquement. Cependant, pour votre sécurité, assurez-vous que rien ne peut s'approcher de moins de 20mm de ses bornes électriques. Connectez bien le châssis de la voûte au fil de terre jaune/vert puis connectez bien ce dernier à l'autre bout dans la fiche secteur mâle.

Enfin, vérifiez que votre installation électrique est bien protégée par un disjoncteur différentiel aux normes.

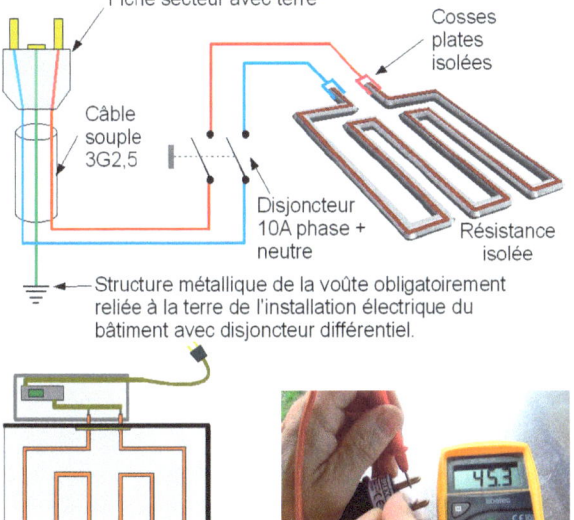

Topologie de la voûte et contrôle du câblage et de l'isolation à l'aide d'un ohmmètre

▶ Fixation de la résistance sous la voûte

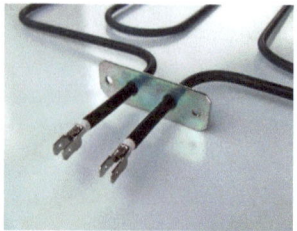

La résistance et son étrier de fixation

Fixation de la résistance à 15mm sous le plafond de la voûte

Traversée de la paroi latérale gauche (A), deux trous de 4mm pour la fixation et deux trous plus grands pour le passage des bornes.

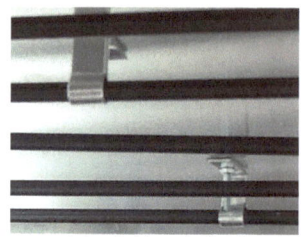

Placement des brides de fixation L et M au centre sous la voûte

▶ Assemblage de la porte battante

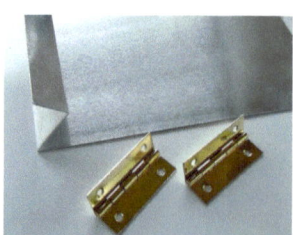

Les deux charnières et la porte

Fixation par-dessus le rebord de la voûte

Fixation des charnières sous la porte

Le pliage tient lieu de poignée pour l'ouverture

▶ **Assemblage du compartiment électrique**

Position des vis de fixation du compartiment électrique K sur le panneau latéral gauche de la voûte. 3 des 4 vis sont utilisées avec 9 écrous de 4mm. Une des vis est commune à la fixation de la résistance.

Positionnement et fixation de la base du coffret de disjoncteur. Un espace de environ 10mm est ménagé entre la paroi de la voûte et le compartiment électrique à l'aide de 6 écrous faisant office d'entretoises.

Blocage du câble 3G2.5 dans l'arrêtoir N. Le câble sort du compartiment par un trou percé à l'arrière.

Connexion du fil de terre au châssis, entre deux grosses rondelles, sur la vis de fixation de l'arrêtoir.

Sertissage des cosses femelles sur le câble, pour la connexion au bornier de la résistance

Câblage électrique du disjoncteur et de la résistance.

Connexion du câble 3G2.5 à la fiche mâle. De gauche à droite, la neutre, la terre et la phase

Pose du coffret en plastique sur le disjoncteur.

▶ Optimisation de l'ouverture de la voûte

Mise en forme du capot par pliage.
Un trou est pratiqué pour le passage du bouton du disjoncteur.

Le capot est terminé et peut être simplement emboîté en force sur le compartiment électrique.

Le bouton du disjoncteur passe à travers le trou du capot.

Zone d'isolation thermique entre la paroi de la voûte et le compartiment électrique.

Pour optimiser l'ouverture de la voûte, les deux cornières de droite et de gauche sont entaillées en haut et en bas et repliées sur elles-même dans les mâchoires d'un étau.

La voûte est terminée.
Son ouverture permet d'enfourner des cadres jusqu'à 44cm de large.

Téléchargez un plan détaillé de cette voûte IR sur le site rêve de pierre.

■ Réalisation d'une grande voûte infrarouge

Le principe de construction de la voûte simple précédente peut être utilisé pour réaliser une plus grande voûte. La méthode de construction avec la tôle d'aluminium et les cornières reste la même. Il suffit d'ajouter éventuellement des cornières de renfort sous le toit et sous le sol de la voûte. Il faut aussi veiller à l'isolation électrique et thermique des connexions électriques entre les borniers des résistances et le compartiment électrique. Le disjoncteur doit être choisi en fonction de la puissance totale de la voûte.

▶ **Voûte Double 100 x 50 cm 2400W**

Nombre de résistances :   2
Puissance par résistance :   1200W
Dimensions des résistances : 37 x 42 cm
Surface utile de voûte :   90 x 45 cm
Hauteur de voûte :   20 cm
Disjoncteur :   220V 16A

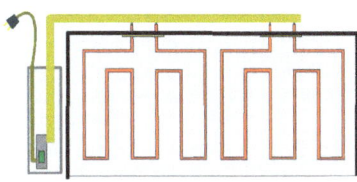

▶ **Voûte Quad 110 x 100 cm 4800W**

Nombre de résistances :   4
Puissance par résistance :   1200W
Dimensions des résistances : 37 x 42 cm
Surface utile de voûte :   90 x 90 cm
Hauteur de voûte :   20 cm
Disjoncteur :   220V 25 ou 32A

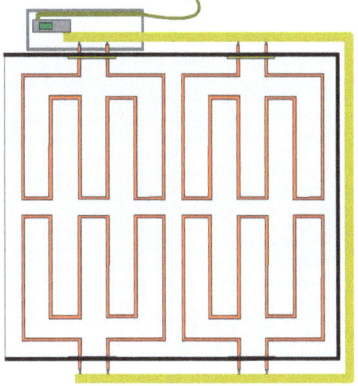

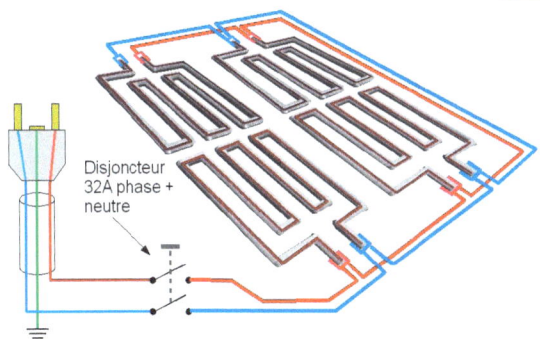

Schéma de câblage pour 4 résistances

▶ Schéma électrique

Les résistances doivent être branchées en parallèle. Chaque résistance possède quatre cosses plates mâles, deux sur chacune de ses bornes. On peut donc les interconnecter facilement comme sur le schéma.

On veillera à isoler, protéger et mettre hors de température les connexions et les câbles de liaison entre les résistances, en les faisant courir dans une goulotte métallique.

Un cadre en métal pour utilisations intensives

Si votre objectif est de réaliser de nombreux tirages en plastique thermoformé à partir d'un moule master, la fixation par pointage du film plastique sur le cadre en bois devient fastidieuse. Voici alors une solution de cadre métallique qui rendra la fixation du film beaucoup plus simple et rapide.
Vous pourrez éventuellement réaliser plusieurs supports de ce type, de dimensions différentes pour vos divers projets. Ce support en métal s'utilise de la même manière que le cadre en bois, avec votre boîte à vide et vos caches souples.

■ Principe de base

Ce support de thermoformage est composé d'un cadre rigide en cornière d'aluminium, de quatre barres amovibles en U avec des poignées en bois et de 8 écrous papillons. Le film plastique est coincé mécaniquement sur toute sa périphérie entre les barres en U et le cadre en utilisant le principe du "bras de levier". L'utilisation de cet outil de thermoformage se décline de la façon suivante :

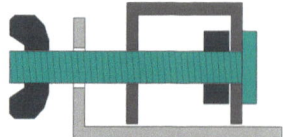

Cadre assemblé

1 - Le film en plastique thermoformable est découpé aux dimensions du cadre moins 2 cm. Notre cadre faisant 40 x 40 cm, le film doit faire 38 x 38 cm.

2 - Les écrous papillons sont dévissés et les barres en U sont retirées.

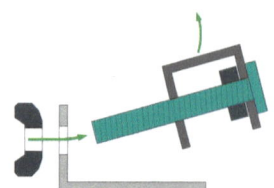

Démontage

3 - Le film plastique thermoformable est posé et centré sur le cadre rigide.

4 - Les barres en U sont mises en place l'une après l'autre par-dessus le film plastique.

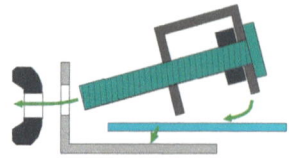

Mise en place du film plastique

5 - Les écrous papillons sont vissés et serrés pour bloquer le film plastique sur toute sa périphérie entre les barres en U et le cadre.

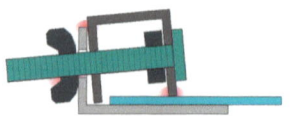

Serrage

■ Réalisation d'un cadre en aluminium de 40 x 40 cm

▶ Caractéristiques

Dimensions externes : 43 x 43 x 5.5 cm
Dimensions du film plastique : 38 x 38 cm
Ouverture : 35 x 35 cm
Poids : 800 g
Coût matériaux et fournitures : environ 33€
Temps pour la construction : environ 2h

▶ Fournitures et matières premières

Cadre 40 x 40 cm

- 1,60 m de cornière en aluminium brut 15,5 x 27,5 x 1,5 mm
- 1,40 m de U carré en aluminium brut 15,5 x 15,5 x 1,5 mm
- 4 Equerres en zinc 30 x 30 x15 x 2,0mm
- 8 Boulons (vis + écrous) en acier zingué à tête poelier fendue 4 x 30 mm
- 8 Ecrous à Oreilles (papillons) en acier zingué 4 mm
- 16 Boulons (vis + écrous) inox à tête fraisée fendue 4 x 10 mm
- 8 Vis à bois 4 x 20 mm
- 70 cm de tasseau en bois d'environ 20 x 35 mm de section

Ces matériaux et fournitures sont disponibles dans toutes les grandes surfaces de bricolage.

▶ Liste des pièces du cadre

- 4 cornières de 400mm de long coupées à 45° dans les bouts, avec 6 trous.
- 4 barres en U de 350mm de long coupées à 90° dans les bouts, avec quatre trous traversants.
- 4 poignées en bois de 170x35x20mm.
- 4 équerres d'angles de 30x30x15mm.
- 16 boulons de 4x10mm.
- 8 boulons de 4x30mm.
- 8 écrous papillons de 4mm.
- 8 vis à bois de 4x20mm.

Le cadre en pièces détachées

▶ Alignement des trous barre / cornière

Tous les trous dans les cornières et les barres font 4mm de diamètre, sauf les 8 trous des cornières où doivent passer les vis des barres en U qui font eux 5mm de diamètre, ceci afin de disposer d'un jeu fonctionnel à l'utilisation, pour la mise en place des barres.

Les trous pour l'assemblage des barres sur les cornières doivent être parfaitement alignés. Pour cela, assemblez chaque barre en U sur sa cornière avec des serre-joints et percez les deux en une fois avec un foret de 4mm. Puis agrandissez le trou des cornières à 5mm. Ensuite, avec un marqueur, repérez les couples barre-cornière en leur assignant une lettre (barre A avec cornière A, barre B avec cornière B ...)

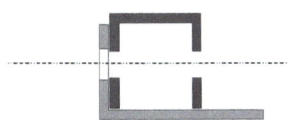

*Alignement des trous
dans les cornières
et les barres en U*

▶ **Détails de réalisation des cornières et des barres**

Pour le perçage des trous des équerres d'angles dans les cornières, présentez les équerres en position et tracez les emplacements des trous au marqueur.

Fraisez les trous du côté intérieur des cornières afin que les têtes de vis ne gênent pas la mise en place du film plastique.

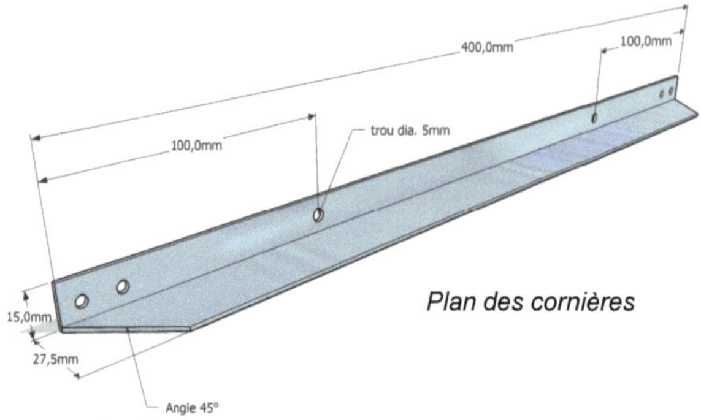

▶ **Assemblage**

Présentez, centrez et fixez les poignées en bois sur les barres en U à l'aide des vis à bois.

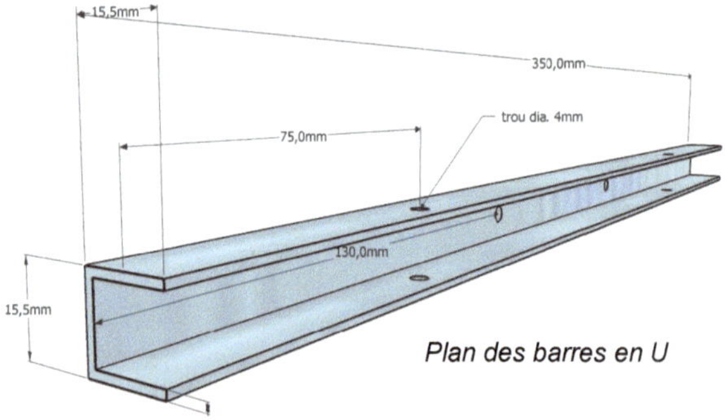

Vissez les boulons de 30mm à travers les barres en U, l'écrou étant placé à l'intérieur du U.

Assemblez les cornières entre elles à l'aide des équerres, les têtes fraisées des vis étant à l'intérieur et les écrous à l'extérieur.
Eventuellement, coupez et limez les vis si elles dépassent des écrous.

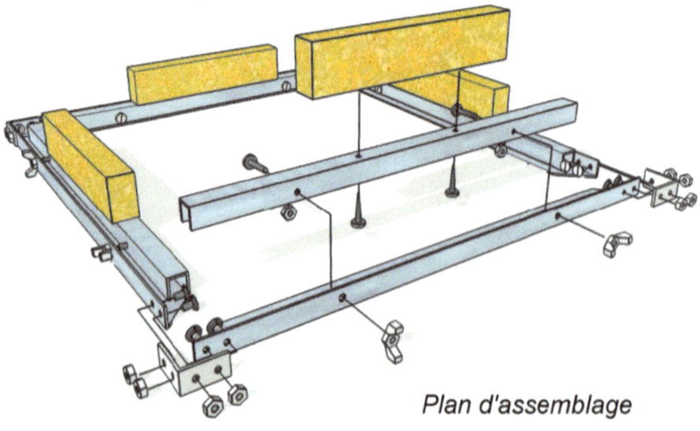

Plan des cornières

Plan des barres en U

Plan d'assemblage

Barre en U : Placement des écrous

Fixation des équerres d'angles

Votre cadre de thermoformage en aluminium est prêt pour de nombreuses utilisations !

Si vous voulez réaliser d'autres cadres, plus petits ou plus grands, il suffit d'adapter la longueur des cornières et des barres en U.

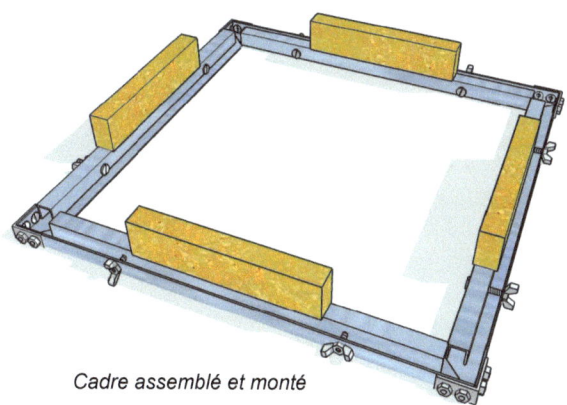

Cadre assemblé et monté

Boîte à vide, cache en carton, cadre de thermoformage et master.

Thermoformage sous vide d'un moule pour élément de déco en pierre reconstituée.

Téléchargez un plan détaillé de ce cadre en alu sur le site rêve de pierre.

Galères et fausses bonnes solutions

Voici pêle-mêle quelques retours d'expériences qui se sont révélés négatifs, pour vous éviter de perdre vous aussi du temps avec des solutions qui peuvent paraître bonnes et séduisantes au départ.

■ Le thermoformage au décapeur thermique, par "estampage"

Thermoformer le film plastique par compression ou estampage directement sur le master en utilisant un décapeur thermique ? C'est la méthode à laquelle on pense en premier car elle paraît simple, ne nécessitant pas de four, pas de boîte à vide et pas d'aspirateur. Mais elle est en réalité très difficile et fastidieuse à mettre en oeuvre, pour des résultats plus que décevants, pour les raisons suivantes :

1. Il est très difficile de porter le film plastique à la bonne température sur toute sa surface et de façon uniforme avec le décapeur thermique. Le film se refroidit très vite entre les passages du décapeur, surtout s'il est mince.

2. Chauffer le film alors qu'il est posé sur le master en pierre est quasiment impossible car il est refroidi instantanément par la pierre. Il faudrait alors chauffer la pierre aussi.

3. Si l'on repasse avec le décapeur sur une partie déjà formée par compression ou estampage, le film se retend à nouveau et le formage est à refaire.

■ Le thermoformage au décapeur thermique, sous vide

Lorsque l'on n'a pas de four avec grill à disposition, ou qu'il est trop petit, on peut être tenté d'essayer de former le film en le chauffant au décapeur thermique directement sur la boîte à vide. La boîte à vide permet sans difficulté le formage lorsque le film est en appui sur le master et que le vide est créé dessous. Malheureusement, on se heurte aux mêmes difficultés que pour la méthode précédente :

- Initialement, il faut réussir à ramollir complètement le film, à l'aide du décapeur, pour pouvoir le poser sur le master, en appui sur la boîte, afin de créer le vide d'air. C'est beaucoup plus difficile qu'il n'y paraît, et sans doute d'autant plus que le film est mince et se refroidit vite entre deux passages du décapeur.

- D'autre part, pour chauffer le film sur le master pendant que l'aspirateur tourne, il faut au moins trois mains, une qui tient le décapeur et deux qui maintiennent le cadre en appui sur la boîte à vide.

- Enfin, au bout de quelques minutes à d'escrimer sur le film plastique que le décapeur ne parvient pas à réchauffer, à cause de l'inertie thermique du master en pierre qui est dessous, l'aspirateur lui commence à chauffer et menace de se mettre en protection thermique.

Le thermoformage plastique sur le WEB

Avec ce livre, vous pouvez obtenir un accès à un atelier particulier de l'Espace des Mouleurs sur le site Rêve de pierre, réservé au thermoformage plastique sous vide. Vous pouvez vous inscrire en ligne sur le site en complétant le petit formulaire qui est proposé. Vous trouverez dans l'Atelier Plastique des informations, des plans et des documents complémentaires, ainsi que des vidéos.

www.reve-de-pierre.fr

D'autre part, il est possible de trouver sur Internet de nombreuses informations et des vidéos de professionnels ou d'amateurs, sur les sites de partage vidéo.

Les mots clés pour trouver l'information à l'aide des moteurs de recherche sont :

- Thermoplastique, thermoplastic, thermoformage, sous vide, boite à vide, vacuum forming, vacuum box...

Dépôt légal 1er trimestre 2012
Bibliothèque Nationale de France BNF

Indicatif éditeur : 978-2-9529648

ISBN : 978-2-9529648-8-3

www.ingramcontent.com/pod-product-compliance
Lightning Source LLC
Chambersburg PA
CBHW041612220426
43669CB00001B/12